Theo von Taane

Witze rund ums Boxen

Humor & Spaß : Neue Witze aus dem Boxsport, lustige Bilder und Texte zum Lachen mit KO Effekt!

Bibliografische Information der Deutschen Nationalbibliothek:
Die Deutsche Nationalbibliothek verzeichnet diese Publikation in der Deutschen Nationalbibliografie; detaillierte bibliografische Daten sind im Internet über http://dnb.dnb.de abrufbar.

© 2014 Theo von Taane; 1. Auflage

Texte und Illustrationen: **Theo von Taane**

Herstellung und Verlag: BoD – Books on Demand, Norderstedt

ISBN: 9783734731723

Witze rund ums Boxen

Für:

Lustig
Garantie

Inhaltsverzeichnis Seite

1. Im Verein

Linker Haken in der Seniorenmannschaft

Zwei alte Herren unterhalten sich nach dem Boxkampf. Sagt der eine:

„Hast du meinen linken Haken gesehen, das war ein Schlag wie in jungen Jahren." Darauf der andere: „Na ja, aber den Herzkaspar hatte der andere schon bekommen noch bevor du ausgeholt hattest."

Helikopter Flugstunde

„Also Herr Schmidt, wie oft muss ich Ihnen noch sagen, dass nur die mit einem Kreis umschlossenen **Hs** Landeplätze für Helikopter darstellen. Boxringplätze gehören definitiv nicht dazu. Bitte starten sie den Helikopter wieder, ich mag es auch nicht, wenn wütende Boxer wie wild auf unser Cockpit einhämmern."

Im Ring

Während des Boxkampfes welcher unter freien Himmel auf einem sandigen Boden ausgetragen wird sagt der Coach zu seinem Kämpfer: „Hallo Peter du hast ja ganz schön deinen weißen Sportdress eingesaut. Lass mich raten: Unter Berücksichtigung der Tatsache dass wir hoffnungslos zurückliegen und bei dem Grad deines Engagements heute kann es sich entweder nur um Sand vom Ausruhen auf dem Boden handeln oder schlicht und einfach um Flugrost."

Taschenlampe

Wenn du mich noch einmal schlägst, hole ich meinen großen Bruder, der bereits um die Ecke wartet.

Boxer infernale

Während der Rundenpause der Coach zu seinem Boxer: „Also Du musst Dich nun langsam mal entscheiden, welchen Karriereweg Du einschlagen möchtest. Entweder der weltbeste Slapstick-Darsteller werden oder der Gewinner dieses Boxkampfes. Beides gleichzeitig geht nicht."

No Name

Auf den Hund gekommen!

„Hallo Herr Meyer, dass sie ihren Hund mit zum Boxen nehmen ist grundsätzlich in Ordnung, aber dass er bei jedem Rundengong die andere Seite des Ringes neu markiert geht nun wirklich zu weit."

Zukunftspläne

Kampfverlust

„Hallo Herr Meyer, sagen sie mal weshalb kniet denn unser Trainer neben dem Ring und schaut permanent auf den Boden?" Meyer:
„Er sucht das Körnchen Glück, dass ihm fehlte um den letzten Boxwettkampf zu gewinnen."

Schnelligkeit

„Mensch ihr Sohn hat ja eine tierische Geschwindigkeit beim Boxen drauf, vergleichbar mit....wie heißt noch einmal das Tier mit dem Panzer auf dem Rücken?"

Erfrischung

„Ich muss schon sagen, sehr erfrischend wie unser teuer eingekaufter Neuzugang boxt. Nein, nicht was sie jetzt denken, sondern er sorgt als Luftnummer durch seine unkoordinierten Bewegungen immer wieder für frische Verwirbelungen mit kühlendem Luftstrom."

Sparringspartner

Na ich glaube jetzt haben wir für Peter endlich den seiner Leistungsklasse entsprechenden Sparringspartner gefunden.

Boxerväter

Beim Boxtraining unter freiem Himmel. Zwei Boxerväter beobachten das Jugendtraining ihrer Söhne sagt der eine:

„Also wenn man ihren Sohn sich auf dem sandigen Boden so bewegen sieht, merkt man schon dass er in seinem Element ist."

„Wie meinen sie das?"

„Na, das mit dem Sand und dem Schlafen kennt er ja schon recht gut vom Sandmännchen her."

Linker Haken

„Wow, das war wirklich ein bombastischer Schlag. So etwas habe ich noch nie gesehen. Diesen kraftvollen Start wie in Zeitlupe und dann diese abrupte harte Landung mit nahezu ganzer Körperfläche auf dem Boden.

Ich sag es ja immer, besser man macht einen Doppelknoten in seine Schnürsenkel."

Mobilfunk

„Hallo Herr Meyer wissen sie warum uns der Trainer zuruft, wir sollen unsere handys und smartphones ausschalten?" Meyer:

„Na offenbar möchte er den aktuellen Höhenflug seines Schützlings nicht gefährden und durch das Mobilfunkverbot den typischen Absturz in der letzten Runde des Boxkampfes vermeiden."

Der Box Nerd

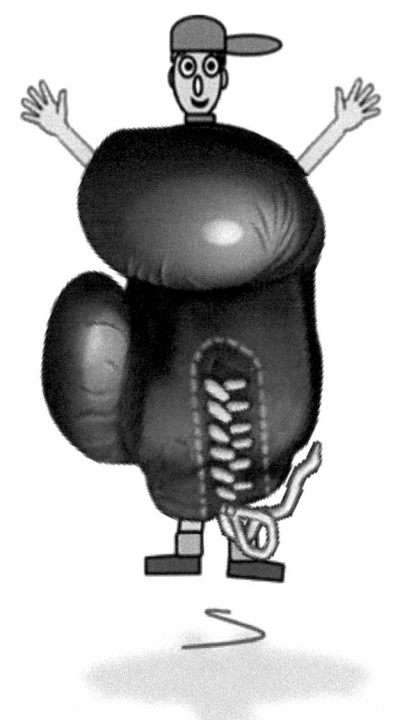

Renovierung der Clubräumlichkeit

Clubmitglied zum Hallenwart:
„Das hatten wir ja noch nie. So viele Clubmitglieder, die freiwillig helfen die Clubräumlichkeiten aufzuräumen und auch zu renovieren. Toll diese Moral."
Hallenwart:
„Ja unglaublich wie die Nachricht um eine gefundene historische Goldmünze die Moral verändern kann, selbst wenn es sich um meine eigene handelt, die ich verloren hatte, aber das will ja keiner hören."

Verfolgung

Psychologie

Coach zu seinen Schützlingen nach dem Wettkampf in der Halle des anderen Vereins:

„Um euren Gegner schlagen zu können solltet ihr ihn auch insbesondere psychologisch gut einschätzen können. Wenn ihr z.B. merkt, dass er wütend ist und jeden Schlag mit großer Wucht schlagen möchte, dann nehmt immer nur ein kleines bisschen die Deckung runter was ihn dann aufgrund der immer wieder von euch rechtzeitig abgeblockten Schläge so stark ärgert, dass er dann zunehmend unaufmerksamer wird und nicht mehr auf seine Verteidigung achtet und ihr ihr dann schnell den entscheidenden KO Schlag setzen könnt. Hier zum Beispiel, nehmen wir diesen Kämpfer dort drüben bei den Senioren, wie würdet ihr seine psychologische Verfassung einschätzen?"

Darauf eines der Teammitglieder:

„Stark übernächtigt, Trinkerseele, humpelt leicht durch Knieverletzung, hat also Null Kondition und Beweglichkeit. Bei diesem Kämpfer reicht es, ihn einfach laufen zu lassen, etwas die Schläge anzutäuschen und dann nur noch quasi auf den richtigen Moment zur Nutzung der Lücke in seiner Flanke zum finalen KO-Schlag zu warten." Trainer:

„Das ist ja toll analysiert, woraus entnimmst Du denn die ganzen Details?"
Teammitglied: „Na ich werde ja wohl meinen eigenen Onkel kennen."

Indianer

„Sag mal Peter, wer ist denn dieser komisch gekleidete Kauz da drüben der aussieht wie ein Ureinwohner aus der Südseer?" Peter:
„Ach den, den hat unser Vorstand speziell für die Ligaspiele eingekauft."
„Kann der denn so gut boxen ?"
„Das nicht, aber sofern wir bei entscheidenden Wettkämpfen zu verlieren drohen, beginnt er mit den Verfluchungen der Gegner mit seiner Voodoo Puppe."

Erste Erfahrungen im Boxen

Der kleine Paul war das erste Mal mit im Boxverein und hat seinen Vater beim Boxen zugeschaut. Anschließend prahlte er:
„Mein Vater ist der beste Boxer auf der Welt. Er hat die meisten Schläge mit seinem Kopf fangen können."

Spatzen

Sitzen zwei Spatzen auf einer Gerüststange und schauen bei einem Boxkampf zu, sagt der eine: „Mann, diese Kondition, das geht jetzt schon fast anderthalb Stunden so." Sagt der andere Spatz: „Ja, das hätte ich Pauli auch nicht zugetraut, der muss nach dem ganzen Draufgekloppe schon ordentlich einen an der Birne abbekommen haben."
„Ja denke nächstes mal überlegt er es sich zweimal aus Neugierde einfach in einen Boxhandschuh zu schlüpfen."

Ansprache

Nach dem Boxkampf spricht der Clubvorstand vor versammelter Mannschaft:
„Wir haben zwar heute nicht gewonnen, aber nach dieser Vorstellung bin ich schon froh, dass keiner bei dem Versuch den Gegner zu schlagen sich in den Seilen verhäddert hat und tödlich aufgeschlagen ist.

Geduld

Zwei Clubmitglieder schauen sich ein Boxkampf an, sagt der eine:

„Warum sitzt denn Rüdiger immer noch auf der Bank neben dem Ring statt weiterzukämpfen?" Darauf der andere:

„Na weil ihm der Coach gesagt hat er soll auf den richtigen Augenblick zum Angriff warten."

Andacht

„Sag mal warum steht denn die ganze Mannschaft schweigend vor dem Boxring dort hinten mit gefalteten Händen, gesenkten Kopf und abgenommenen Mützen?"

„Na weil wir uns dort im letzten Wettkampf die entscheidende Niederlage gegen den Klassenerhalt eingefangen haben und diesem nun die letzte Ehre erweisen."

„Und warum stehen dann alle Mannschaftsmitglieder da und nicht nur der Kämpfer der das zu verantworten hat?"

„Die anderen stellen den Vollzug sicher."

Dirty Talking

Komm, sag mir was Versautes, mach mich scharf!

Versprechen

„Sag mal, wieso trägt Frank beim Boxen jetzt seine Sachen falsch herum, also das, was normalerweise innen ist, nach außen?"

„Na beim letzten Wettkampf hatte er so schlecht gekämpft, dass er versprach seine ganze Kampfweise umzukrempeln."

„Ja schon, aber dass er jetzt seine Unterhose umgedreht nach außen trägt finde ich jetzt schon ein wenig geschmacklos."

Na du alter Sack!

Verabredung

Anton und Peter trainieren außerhalb des regulären Trainings am Punchingball, da klingelt das Handy von Anton. Anton nimmt ab und nach einer Weile sagt er zu Peter:

„Meine Frau hat gerade angerufen und mir gesagt, dass sie heute Abend erst sehr spät nach Hause kommen wird." Peter:

„Ja und?" Anton:
„Na sie weiß nichts von unserem Herrenabend heute und hat gesagt, dass sie mit dir den ganzen abend eine wichtige Präsentation für morgen vorbereiten muß."

Zweitjob

Ohne Zweitjob kommen heutzutage nur noch die wenigsten aus.

Grundstück

Hast du schon gehört dass man jetzt Teile unserer Boxringe ideell kaufen kann? Man kann einen Namen vergeben, bekommt sogar eine Urkunde. Nette Sache als Geschenk. Und der Verein kann mit den Einnahmen die Clubräume renovieren."

„Theoretisch hast du recht. Aber es gibt hier ein paar Mitglieder die das ganze etwas zu ernst nehmen."

„Wieso?"

„Na schau doch mal zum linken Boxring rüber, hier haben sich die Müllers die eine Hälfte gekauft und gleich komplett umzäunt."

Kampftaktik

Zwei Clubmitglieder schauen sich den Boxkampf von Nachwuchskämpfern der U18 an, sagt der eine zum anderen:

"Also ich finde, dass die Taktik von Peters Angriffskampf dem eines Schachspiels ähnelt."

„Aber dann muss er wohl der König sein, da er von seiner Ecke aus nie mehr als einen Schritt in Richtung Gegner läuft."

Punchingball Jagd

Kommt doch, wo seid ihr? Ich will mit euch nur ein bisschen schlagen.

Für wie blöd hält der uns eigentlich?

Treibsand

„Warum stellt der Coach vor dem Boxring ein Schild mit der Aufschrift ‚Achtung Treibsand, betreten verboten' auf und weshalb stehen seine Boxer daneben und schauen gebannt zu?"

„Die Boxer sind unsere Mannschaft bei den Junioren und der Coach kann sich das schlechte Abschneiden der Mannschaft nur noch dadurch erklären, dass der Untergrund des Platzes aus Treibsand besteht."

„Das verstehe ich nicht."

„Na der Trainer hat so intensiv mit den Kämpfern taktisch gute Schlagkombinationen und an der Technik gearbeitet, dass als einzige Erklärung nur noch Treibsand in Frage kommt, der im Boxkampf alle guten Schläge und eintrainierten Taktiken unserer Mannschaft rückstandslos verschluckt haben muss."

Boxhandschuhe

Unterhalten sich zwei Boxhandschuhe, sagt der eine:

„Also ich mach das nicht mehr lange mit, andauernd werde ich geboxt, meine Lederhaut ist schon ganz aufgeplatzt, meine Aufschrift verfranzt und nach einem Match bin ich immer ganz zerknautscht."

Darauf der andere:

„Ja was hast du denn erwartet von deinem Job als Boxhandschuh?"

Darauf der andere:

„Das ich geboxt werde, halte ich schon aus, aber beworben hatte ich mich als Jab-Schlaghandschuh und nicht Knautschsack. Weißt du was, langsam glaube ich, dass ich das Opfer einer Verwechselung bin..."

Tierisch

Eine Ziege und ein Esel boxen zusammen. Nach einem harten Schlag des Esels bleibt sein Boxhandschuh aufgespiesst an einem der beiden Hörner der Ziege hängen. Sagt der Esel: „Macht nichts, das hätte mir auch passieren können."

Gong

Kannst Du auch was anderes als immer nur ‚Gong' sagen?

Hüpfende Bälle beim Boxen
„Die schönsten Knock-out Faktor gab es heute im Frauenboxen bei Sabine mit ihren hüpfenden Bällen zu sehen."

Bodenspiel
„Den aktivsten Part in Deinem Boxkampf heute hatte der Boden unter Dir."

Irre

Treffen sich zwei Irre zum Boxen, sagt der eine:

„Ach verdammt wir können nicht kämpfen."

Sagt der andere: „Warum nicht, was ist denn los?"

Darauf wieder der andere: „Wir haben die Würfel vergessen."

GPS

„Hallo Klaus, weißt du warum mehrere Boxer andächtig mit abgenommenen Mützen vor dem Ring stehen?"

Klaus: „Da nach den GPS-Koordinaten des neuen billig Smartphones von Frank, sich genau dort die heilige Anlage des Petersdom in Rom befinden müsste."

Freizeitboxen

Wussten sie schon, dass Freizeitboxen unter Boxprofis keine Verbreitung findet?

Traditionelles Treffen

Die drei Familienväter Paul, Frank und Peter treffen sich jeden Sonntag früh um zusammen zu boxen. Diesen Sonntag ist Ostersonntag und alle sind überrascht, dass es trotz Familienzwang jeden gelungen ist, zum Treffen zu kommen.

Paul: „Ich habe meiner Frau einen teuren Wellness-Gutschein geschenkt."

Frank: „Meine Frau hat von mir einen silbernen Anhänger bekommen, den sie schon immer haben wollte."

Peter: „Ich habe gestern Abend ausgiebig Knoblauch gegessen und bereits heute früh um sechs stand wie von Zauberhand meine Trainingstasche direkt neben der Tür fertig gepackt zum Abmarsch bereit."

Hammerhart!

Wussten sie schon dass unter ‚hammerharten' Boxkämpfen keine Filme mit sexuell anrüchigen Spielszenen zu verstehen sind, auch wenn manche Boxkämpfe der nackte Wahnsinn sind?

Kämpfer trennen

Wussten sie schon, dass das Trennen beim Boxen nicht nur für Professionelle gilt, sondern auch bereits für Beginner mit fremdspielenden Partner/in?

Fürsorge

Beim Trainingskampf unter freien Himmel. Der Rundengong ist ertönt, Nachdem der eine Boxer sein Mundschutz entfernt hat spricht dieser zu seinem Gegner: „Schauen Sie mal den Krankenwagen, der kommt sicher wegen der hochschwangeren Frau dort drüben. Na, hoffentlich ist noch nicht die Fruchtblase geplatzt." Darauf macht sein Gegner mit seinen Armen ausladende Winkbewegungen, um dem Krankenwagen aus der Entfernung zu signalisieren, wo er am besten halten kann.

Dann geht der Kampf weiter. Nach dem der Kampf beendet ist meint noch der eine Boxer: „Das war wirklich nett von Ihnen dem Krankenwagen zu helfen, schneller einen Halteplatz zu finden." Darauf der andere: „Ja selbstverständlich, immerhin handelt es sich bei der Schwangeren um meine Frau."

Auf den Hund gekommen

Zwei Boxer aus verschiedenen Vereinen trainieren an diesem Wochenende zusammen. Der eine hat einen kleinen Hund dabei und jedes mal wenn sein Herrchen einen guten linken Haken geschlagen hat macht dieser ein kleines Wuff und wenn er die Runde gewonnen hat sogar einen kleinen Salto. Meint der andere: „Und was macht er wenn Du mal nicht gewinnst?". Darauf der andere: „Dann fängt er an zu fliegen." Freund: „Das ist ja phänomenal. Wie weit denn?". Darauf wieder der andere: „Je nachdem wie gut ich ihn mit meinem Boxhandschuh auf seinen Allerwertesten treffe."

Arzt

Beim Frauenboxen. In der Rundenpause bemerkt eine der Damen dass der begehrte Dr. Frank zugeschaut hat und fragt ihn: „Hallo Herr Doktor wie finden sie wie ich boxe?" Darauf der Doktor: „Aber meine Teuerste, sie wissen doch als Arzt unterliege ich der Schweigepflicht."

Angeber

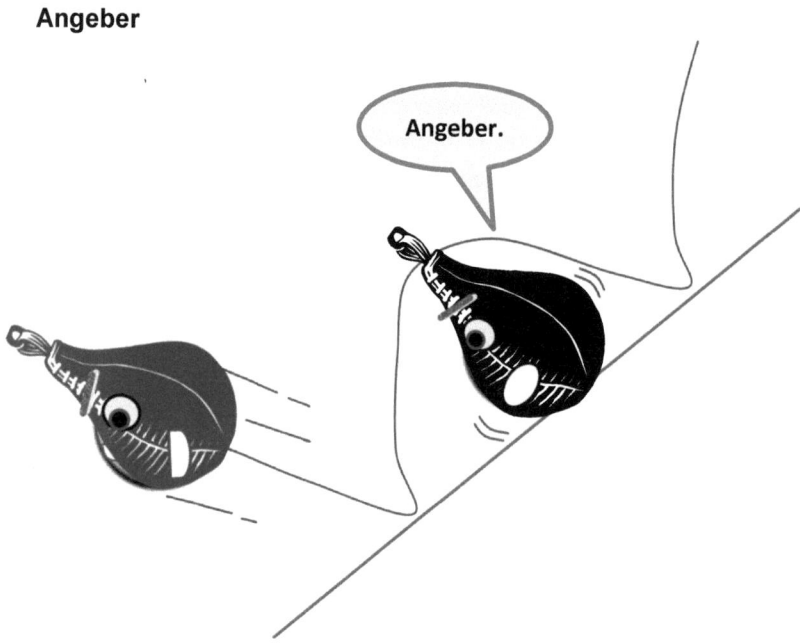

Angeber.

Einfach irre

Zwei Irre wollen zusammen boxen, wundert sich der eine, dass der Boxhandschuh nicht funktioniert sagt der: „Das ist wirklich das Komische am Boxen." Fragt der andere: „was denn?"

„Na, die verkaufen Boxhandschuhe mit denen man den Schlägergriff nicht richtig greifen kann."

Rechter Haken

Nach endlosen Trainings-einheiten ist es Sabine endlich gelungen, einen ordentlichen rechten Haken zu erzeugen.

Herzlichen Glückwunsch, es ist ein rechter Haken.

Kindergeld

Wussten sie schon, dass Boxprofis trotz kindischen Verhaltens kein Kindergeld für ihre Knallschoten im Boxring beantragen dürfen?

Toilettengang

Ein Boxer möchte nach dem Boxkampf in einem Sportcenter auf die Toilette gehen. Da diese zu klein ist, um seine riesige Sporttasche mitzunehmen, muss er sie vor der Tür stehen lassen. Damit sie keiner mitnimmt schreibt er auf einen Zettel: „Wer es wagt, die Tasche wegzunehmen bekommt von mir eine harte Rechte vom besten Boxer dieser Stadt.". Er legt den Zettel auf die Tasche und geht dann auf die Toilette. Als er wieder raus kommt ist die Tasche weg und findet statt dessen einen Zettel auf dem Boden liegend auf dem steht: „Bei so einem harten Schlag erwarte auch kein Relegationskampf."

Mannschaftsessen

Wussten sie schon, dass das traditionelle Mannschaftsessen nach einem Boxkampf kulturell unterschiedlich verstanden werden kann, so verstehen beispielsweise Kannibalen etwas völlig anderes hierunter als in unseren Breitengraden.

Gerüchte

„Weißt du schon das Neueste?"

„Nein, was denn?"

„Peter Maier unserem Vorstand geht es momentan nicht gut, ein dutzend Gläubiger sind hinter ihm her, ihm steht das Wasser bis zum Hals."

„Ja das habe ich auch gehört und morgen will er untertauchen."

Moderne Clubräume

„Also Herr Schulz die renovierten Clubräume sind wirklich toll, eine richtige Augenweide. Und diese moderne Inneneinrichtung ist schon sehr schick. Am beeindruckendsten finde ich allerdings dieses imposante 3-D Boxerbild, man könnte fast den Eindruck bekommen die Kämpfer bewegen sich." Darauf Herr Schulz:

„Ihr Eindruck stimmt, allerdings ist dies kein 3-D Bild sondern das Panoramafenster, das hinaus auf die Halle auf einen der Nebenplätze zeigt, auf welchem gerade unsere Senioren trainieren, und die sind immerhin im Schnitt schon über 80 Jahre alt."

Garderobenhaken

Kurz vor den Ligaspielen wurden noch die Clubräume renoviert und unter anderem wurde im Umkleideraum über fünf Garderobenhaken ein Schild angebracht mit der Aufschrift „Nur für die Vereinsmannschaft". Später in der Saison, nachdem die Mannschaft auch noch den letzten Wettkampf verloren hatte, klebte plötzlich am nächsten Tag ein Sticker darunter: „Auch für Kleidung und Taschen verwendbar".

Bewerbung

Eine junge gutaussehende Frau betritt das Sekretariat des Boxsportvereins zwecks Bewerbungsgesprächs als neue Sekretärin. Zufällig hält sich der Trainer der Damenmannschaft im Büro auf und sortiert gerade hinter dem Schreibtisch die neu angekommenen Probeboxhandschuhe der Größe nach, als die junge Frau den Raum betritt. Die junge Frau:

„Guten Tag, ich bin Frau Müller die Neue, erinnern sie sich an unser Telefonat?" Trainer:

„Das ist ja super, wir brauchen dringend eine Verstärkung in unserem Team, aber sagen sie mal kommen sie zufällig auch mit einer versteiften Größe 16 oz zurecht?"

Die junge Frau errötend:

„Das kann ich nicht sagen, mit so starken Stücken hatte ich es bislang noch nicht zu tun."

Zukunftspläne

Wenn ich mal groß bin möchte ich ein Basketball werden.

Tragende Rolle

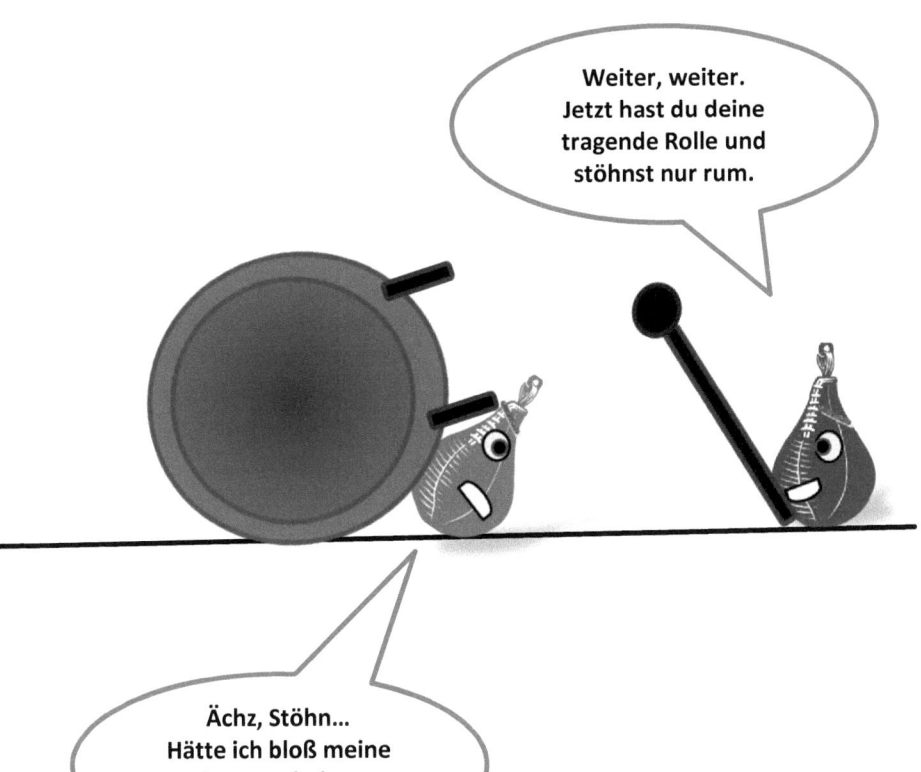

2. Fitness und Techniktipps

Jab

Schaffen sie mehr Sicherheit für ihrem Jab durch eine beidhändige Schlagdurchführung. Es werden ihnen außerdem die erstaunten Blicke der Zuschauer ganz gewiss sein.

Übersicht behalten

Behalten sie auch beim Einstecken von direkten Cross-Treffern des Gegners die Übersicht, indem sie stets mit einer Hand ein Fernrohr vor dem Auge bilden. Lassen sie sich nicht beirren durch die vielen Schläge, die ihre Gegner jetzt schlagen werden, gemessen in einer Lifetime Scorecard werden sie langfristig die Nase vorne haben* (*statistisch nicht berücksichtigt Gegner die mindestens genauso alt oder älter werden als sie).

Aufwärtshaken

Holen sie mehr Power aus ihrem Aufwärtshaken durch drehen einer Luftpirouette. Kanalisieren sie die Ausschwungbewegung nach Treffen des Gegners im sogenannten Pirouettenschlag. Achtung! Achten sie auf ein gutes Aufwärmtraining, um Verrenkungen im Vorfeld auszuschließen.

Kraftvoller linker Haken

Kontrollieren sie die saubere Ausführung ihres linken Hakens durch Loslassen ihres nicht zugeschnürten linken Boxhandschuhs beim Ausschwung. Segelt ihr Boxhandschuh direkt aus dem Ring war der geschlagene Haken gut. Halten sie während eines Wettkampfes genügend Ersatzhandschuhe bereit.

Kondition

Mehr Ausdauer durch mentale Suggestion. Stellen sie sich einfach vor sie laufen die ganze Zeit während des Matches Berg ab und ihre Gegner dagegen Berg auf. Suggerieren sie sich in der zweiten Stufe dann mentale Siebenmeilenstiefel. Sie werden sehen, mit ihrer neu gewonnenen mental geerdeten Kondition werden sie Berge versetzen.

Konzentration

Es ist wissenschaftlich erwiesen dass ein Sekundenschlaf eine enorm erfrischende Wirkung in kurzer Zeit erzielen kann. Daher rät der Profi bei lang anhaltenden Schlagabtauschen direkt nach einem Schlag mal die Augen für ein paar Sekunden zu schließen. Der Erholungseffekt nach Wiederöffnen wird enorm sein. Sie werden weniger Druck verspüren und gehen erfrischt in die nächsten Kampf. Und je mehr sie diese Technik in einem Boxkampf anwenden desto entspannter können sie kämpfen, bis hin zu einem souveränen Verlust mit Wohlfühlgarantie (zumindest für Sie).

Fuß

Bei Boxern mit zwei linken Händen wird von der Durchführung von rechten Aufwärtshaken dringend abgeraten.

Kampftaktik

Verwandeln sie als Gast den Boxkampf in ihren Heimvorteil. Bestehen sie darauf bei stark blutverschmierten Boden weiterzukämpfen, denn durch die vielen Tränen und Schweiß die bei den unendlichen Trainingseinheiten aufgrund des hohen Grades an Untalentiertheit geflossen sind, wissen Sie am besten wie man sich auf rutschigem Untergrund bewegt.

Handtuch

Seniorenteam

Unterhalten sich zwei Boxer, sagt der eine:

„Schau dir mal die Seniorenkämpfer des gegnerischen Vereins an, sehen ziemlich grottig aus." Sagt er andere:

„Ach so, und ich dachte schon der Friedhof um die Ecke hätte heute Wandertag."

3.   Gesundheit, Pflege & Mode

Besuch beim Psychiater

Kommt ein Boxhandschuh zum Psychiater und sagt: "Also ich versuche wirklich, meinem Leben einen Sinn zu geben und bleibende Abdrücke zu hinterlassen, aber alle Blessuren die ich dem Gegner im Boxkampf zufüge sind schon nach wenigen Wochen nicht mehr vorhanden."

Fremdgehen

Unterhalten sich zwei Boxer sagt der eine:

„Hast du schon das Neueste gehört?"

„Nein, was denn?"

„Eine Frau wurde von ihrem Mann beim Fremdgehen erwischt. Aus Wut hat er diese solange mit Boxhandschuhen beworfen, bis sie in die Notaufnahme eingeliefert werden musste."

„Auweia, und welche Handschuhmarke hat er verwendet?"

Beim Arzt

Ein Mann beim Arzt. Nachdem dieser alle Untersuchungen abgeschlossen hat, schaut er mit ernster Miene zum Patienten und sagt: „Ich rate Ihnen dringend sofort mit dem Boxen aufzuhören.". Patient: „Ach Herrje, Herr Doktor steht es so schlimm um mich?". Arzt: "Das nicht, aber ihre Wettkampfergebnisse lassen keine andere Diagnose zu."

Modern Look

Unterhalten sich zwei Frauen im Foyer vor dem Boxwettkampf, sagt die eine:

„Ja du hast recht dieser schäbige vintage–look ist wieder in, aber die anderen tragen mit Label und du nicht."

Jobrotation

Zeit

Frank und Peter unterhalten sich nach ihrem Boxkampf

Frank: „Und Peter, wie lange boxt du schon?"

Peter: „Seit ungefähr fünf Jahren."

Frank: „Das ist eine lange Zeit, kein Wunder dass du so müde aussiehst."

Umschulung

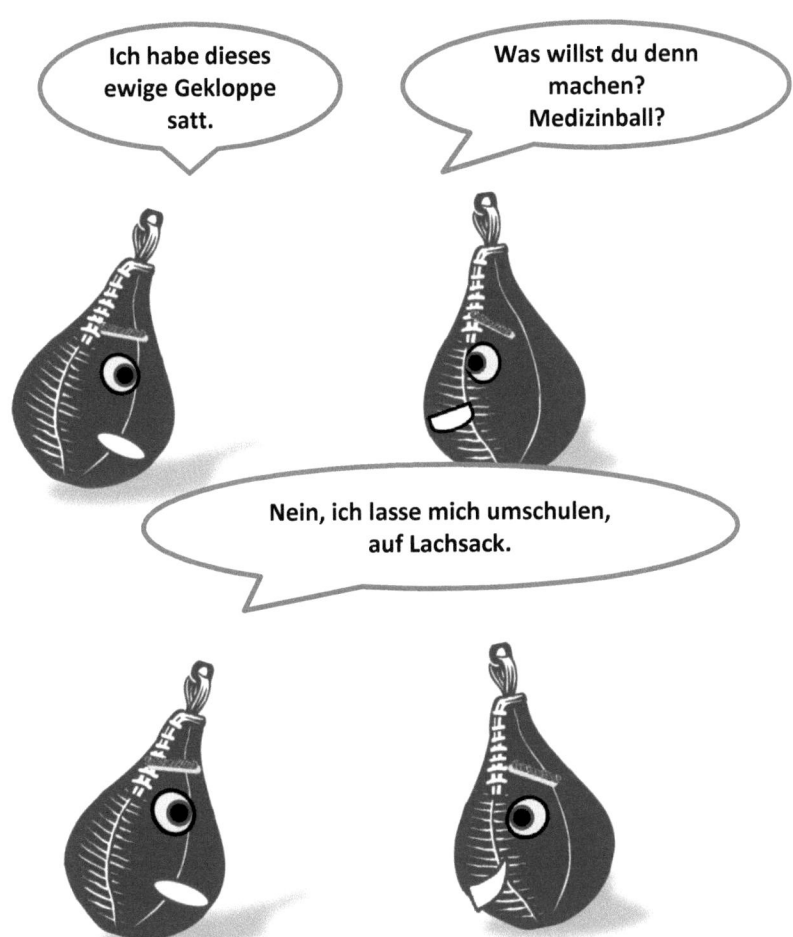

Outfit

„Hallo Tina, schön dass es heute mit unserer Verabredung zum Kaffeerinken auf der Terrasse des Boxvereins geklappt hat."

„Wie findest du eigentlich mein neues Outfit, das mir mein Mann letzte Woche gekauft hat?"

„Ja richtig, dass ist wirklich schade, dass ihr euch noch immer nicht versöhnt habt."

Neues Outfit

Unterhalten sich zwei junge Boxerinnen, sagt die eine: „Also immer, wenn ich ein neues Sportoutfit trage gehe ich mir gleich das nächste anschaffen." Darauf die andere: „Also bei mir ist das genau umgekehrt."

Fußverletzung

Ein Boxer kommt mit stark bandagiertem Arm und humpelnd in den Clubraum. Darauf ein Clubmitglied:

„Übertrainiert?". Darauf der Boxer:

„Nein, beim Ausruhen vom Sofa gefallen."

Nichts

Creme and run

„Wow Frank, deine Beinarbeit ist einfach fantastisch. Und du hast auch ordentlich abgenommen, mindestens 10 kilo. Wie schafft man das in nur zwei Wochen?" Frank:

„Das habe ich dem neuen Fitness- und Trainingsprogramm ‚Creme and run' zu verdanken." Darauf der andere:

„Creme and run? Was ist das denn?" Frank:

„Na ja, bevor man in den Ring zum Training steigt reibt man sich die Waden mit Speck ein und wenn dann das Training beginnt nimmt der Coach seinen ausgehungerten Terrier von der Leine."

.

4. Schiedsrichter

Faul

Unterhalten sich zwei Zuschauer eines Boxwettkampfes, fragt der eine:

„Warum ruft denn der Schiedsrichter permanent Faul?" Darauf der andere:

„Der eine Boxer bewegt sich nicht besonders viel und der Schiedsrichter ist von Beruf Lehrer und kann offenbar auch in seiner Freizeit nicht abschalten."

Umorientierung

„Vielleicht sollte einer mal dem Ersatzschiedsrichter sagen, dass wir hier nicht beim Tennis sondern beim Boxkampf sind." Darauf der andere: „Wieso?" Darauf wieder der andere: „Na hör mal, es gibt beim Boxen keinen Aufschlag, und jedes mal ‚1st Serve, quiet please' zu rufen, wenn der eine Kämpfer zu einem Haken ansetzen will hat geht nun gar nicht."

Schiedsrichter

Im Boxwettkampf. In der Rundenpause geht einer der Kämpfer auf den Schiedsrichter zu und drückt ihm einen Euro in die Hand. Schiedsrichter:

„Wie soll ich das denn bitte verstehen?" Kämpfer:

„Naja, ich dachte mir dass es sehr anstrengend für sie sein muss mehrere Stunden hier dem Nichtstun ausgesetzt zu sein. Das müssen sie sich doch nicht antun als 1 Euro Jobber. Jetzt haben sie den Euro und können gehen wohin sie wollen."

Massage

Ahhhh.....
Roll bitte weiterhin auch schön an den Pfosten entlang, da juckt es am meisten.

Schiedsrichter

„Es ist toll wenn ein Schiedsrichter seine Aufgabe sehr genau nimmt, aber mit dem extra engagierten Chirurg als Unterstützung zur rekonstruktiven Ablaufanalyse der Verletzungen im Gesicht ist er nun wirklich über das Ziel hinausgeschossen."

Richterkollegen

Unterhalten sich zwei Richterkollegen, sagt der eine:
„Also ich finde ja die klare Linie, die Kollege Meyer in seiner Urteilsfindung verfolgt, schon prima.". Darauf der andere:
„Na ja, aber jeden Fall immer nur mit ‚Unerlaubter Tiefschlag!' oder ‚Klammern!' zu bewerten...da merkt man dann schon seine Vergangenheit als Schiedsrichter im Boxsport"

Haarpflege

Seit ich Schaumar nehme fühlt sich mein Leder viel weicher an.

Vibrationen

Was ist denn mit Manfred los? Hat er einen epileptischen Anfall oder so?.

Nein, er kommt gerade aus einem Boxkampf, und hatte vergessen sich zubinden zu lassen.

5. Trainer & Training

Schicksale

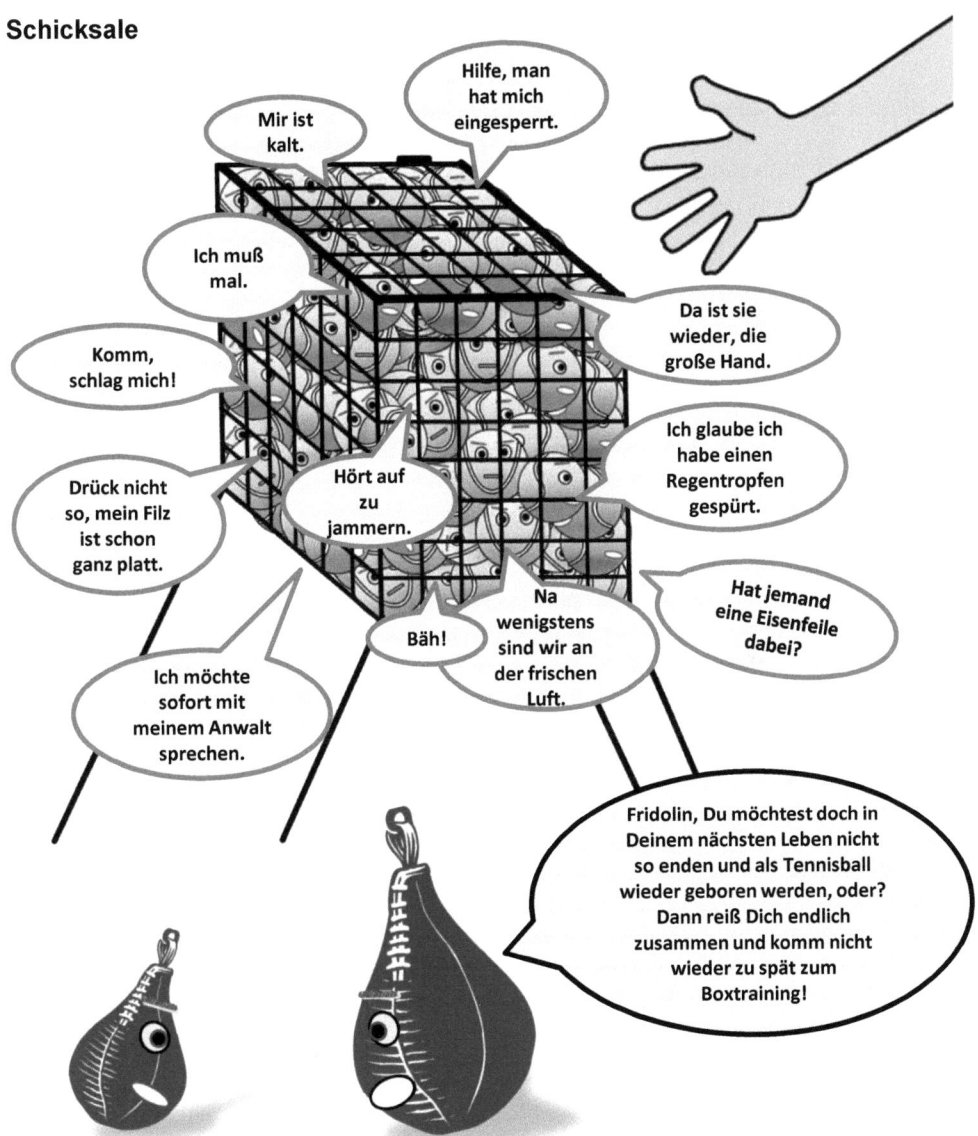

Zaungäste

Spricht der Boxprofi zu einem Zuschauer während des Trainings:

„Seit zwei Stunden stehen sie nun schon am Ring und schauen mir dabei zu wie ich versuche, meine Schlagtechnik zu verbessern. Wie wäre es, wenn sie versuchen würden, selbst mal zu boxen?" Darauf der Zuschauer:

„Nein danke, dazu bin ich viel zu ungeduldig."

Taxi Shuttle

Nach dem Wettkampf kommt der Coach zur Mannschaft, welche gerade verloren hat und sagt: „Ich habe euch einen Shuttlebus direkt vor dem Eingang der Anlage bestellt, es wird in 4 Stunden da sein, d.h. ihr musst sofort losgehen um noch rechtzeitig da zu sein."

Ausbildung

Im Ausbildungslehrgang für angehende Boxtrainer. Ausbilder: „So nun habt ihr fast alles gelernt bis auf eine ganz wichtige Sache, die für den Erhalt eures Trainervertrages bzw. Kontingentes von großer Bedeutung ist. Bitte setzt jetzt alle eine ernste Miene auf und sprecht mir nach: Du bist ein echtes Talent. Aus dir kann mal was ganz großes im Boxen werden."

Boxercrack

Der Lehrer unterhält sich mit Peter: „Und Peter was machst du so in deiner Freizeit?" Peter: „Ich boxe intensiv. Letzte Woche habe ich sogar ein internationales Jugendturnier gewonnen und bin dadurch mit der Vereinsmannschaft unter die Top 3 in Europa hochgerutscht."

Lehrer: „Aber Peter, das wusste ich ja gar nicht. Das könnte natürlich deine schlechten Noten in der Schule erklären. Du wirst ja wahrscheinlich jeden Tag trainieren müssen und hast dann kaum noch Zeit für die Hausaufgaben."

Peter: „Ja genauso ist es. Aber wenn es zu viel wird, dann zieht meine Mutter schon mal den Stecker aus dem PC."

Wertvolle Tipps

In einer Rundenpause spricht der Coach zu seinem Schützling welcher gerade hinten liegt: „So und nun machst Du mal was ganz Verrücktes."

Kämpfer: „Was denn?"

Coach: „Triff den Gegner"

Letzte Worte

Die letzten Worte eines Boxtrainers:

„So und nun alle Punchingbälle zu mir..."

Federball

Vereinstrainerin

Die Vereinstrainerin, welche einen riesen Busen hat sucht neue Übungsleiter zur Verstärkung des Trainerteams. Auf die Anzeige hin melden sich drei junge Männer. Nach dem Vorboxen ruft sie den ersten Kandidaten in das Vereinsbüro und stellt dann dem Bewerber einige Fragen. Zum Gesprächsabschluss stellt sie noch die folgende:

„Fällt Ihnen irgendetwas Besonderes an mir auf?" Darauf der junge Mann:

„Sie haben einen monströsen Busen." Trainerin:

„So eine Frechheit, verschwinden sie sofort!". Dann ruft sie den Zweiten herein und auch ihm stellt sie am Ende des Gespräches die Frage:

„Fällt Ihnen irgendetwas Besonderes an mir auf?". Der junge Mann:

„Sie haben einen monströsen Busen." Vereinstrainerin:

„Verlassen sie sofort das Büro!". Dann kommt der dritte Proband ins Büro und am Ende kommt wieder die Frage:

„Fällt Ihnen irgendetwas Besonderes an mir auf?". Darauf der junge Mann:

„Sie tragen einen wirklich bemerkenswerten Gürtel." Darauf die Trainerin erleichtert und ein bisschen geschmeichelt:

„Finden sie dass er mir steht?" Junge Mann:

"Nein, das nicht, aber ohne dessen Halt würde ihr monströser Busen glatt auf den Boden klatschen."

Götterdämmerung

Unterhalten sich zwei Vereinsmitglieder, sagt der eine:
„Achtung im Ring geht gleich die Vorstellung los." Darauf der andere
„Wie, was denn für eine Vorstellung?"
„Na die Götterdämmerung." Darauf der andere:
„Ich versteh nur Bahnhof, ich sehe nur den Trainer mit Peter, die gerade ihr Training starten." „Na eben, der kapiert doch schon zum x-ten mal nicht die neue Schlagtechnik und nach spätestens 15 min hörst du wiederholt den Trainer brüllen: ‚Mein Gott, wann dämmert bei dir denn endlich die Technik!'"

Spüren

Halbstarke

Sensible Boxtalente

Gang nach Kanossa

Der Boxer kurz vor dem Wettkampf „Der Weg von den Umkleideräumen zum Boxring ist aber lang in diesem Verein und dann immer durch diese vielen Türen, das ist echt mühselig." Darauf der Coach:

„Keine Sorge der Rückweg wird einfach." Boxer:

„Wieso?" Coach:

„Na mit deiner Einstellung wird dich unser Gegner heute so platt machen, dass ich dich nachher beim Rückweg problemlos unter den Türen durchschieben kann."

Brille

100 Prozent

Nach dem Boxkampf kommt der Coach zu seinem Schützling und sagt:

„Ihr habt heute alle Punkte gemacht."

Boxer: „Wieso wir haben doch glatt verloren."

Coach verärgert: „Ja deswegen ja."

Jonglieren

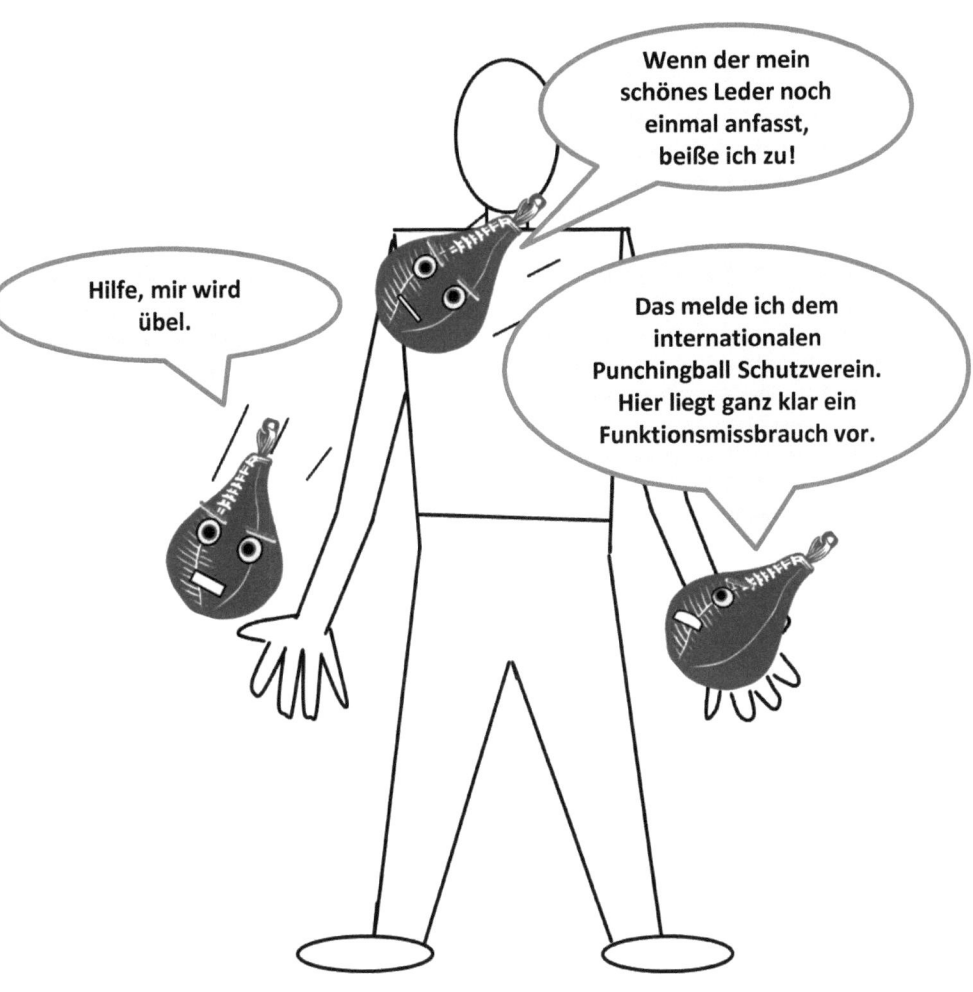

6. Im Stadion

Im Zuschauerbereich

Im Zuschauerbereich während eines Boxkampfs dreht sich eine Zuschauerin, die einen sehr ausladenden Hut trägt, zu ihrem Hintermann um und fragt: „Stört sie mein Hut beim Zuschauen?" Darauf der Mann:

„Nein überhaupt nicht und wenn sie sich wieder nach vorne drehen würden, dann könnte ich auch wieder mein Bier drauf abstellen."

Selbstbewußtsein

Denkst du wirklich es war richtig ihn die Boxübungen vor dem Zerrspiegel machen zu lassen. Er denkt doch jetzt er sein ein Kraftprotz.

Absolut, aber Du weißt doch dass sein Vater den Club massiv finanziell subventioniert und dieser davon überzeugt ist, dass sein Sohn ein Top Boxtalent ist. Daher kämpft er als nächstes gegen Gegner aus der Bambini Gruppe. Und selbst die schafft er nur wenn er an sich glaubt.

Allgemeinwissen

Spricht ein Journalist im Interview zum Boxprofi: „Man sagt ja durch das viele Training leidet das Allgemeinwissen bei den Profis, da keine Zeit zum Lernen übrig bleibt." Darauf der Profi: „Nein, das kann ich so nicht bestätigen." Darauf wieder der Journalist: „Na gut, dann beantworten sie mir bitte die folgende Frage: Wo liegt Russland?" Darauf der Boxprofi:

„Na, weit kann es nicht sein, da unser Trainer Struganoff jeden Tag zu Fuß zum Training kommt."

Karrierehilfe

Fragt der Journalist den erfolgreichen Boxprofi: „Und sie haben ihre Karriere ganz alleine ohne Hilfe geschafft?" Darauf der Boxprofi:

„Das kann man so nicht sagen. Es gab da immer diese Boxhandschuhe die ich zum Sieg gebraucht hatte."

Hilfestellung

Nach dem Boxkampf humpelt ein älterer Zuschauer gestützt auf zwei Krücken zum Verlierer des Wettkampfes, reicht ihm eine der Krücken und sagt: „Die brauchen sie dringender als ich."

Zuschauer

Im Zuschauerbereich des Boxwettkampfes. Kurz nachdem die Namen der beiden Mannschaften genannt wurden, steht einer der Zuschauer abrupt auf und schickt sich an zu gehen, da fragt ihn sein Sitznachbar: „Wo wollen Sie denn jetzt noch hin, der Wettkampf beginnt doch jeden Moment." Sagt der andere: „Habe ich letztes Jahr schon gesehen".

Auge

Nach Ende des Matches reibt sich der Verlierer beim Verlassen des Boxringes intensiv die Augen, fragt ein Zuschauer: „Das war also der Grund warum Sie verloren haben, sie hatten Probleme mit den Augen und waren dadurch gehandicaped?" Darauf der Boxer: „Nein, Schlaf im Auge."

Suche

Bei einem Boxkampf ertönt folgende Stadiondurchsage:

„Achtung liebe Gäste, der kleine Peter ist verloren gegangen. Er trägt kurze Hosen und ein blaues Hemd. Falls ihn jemand sieht oder er selbst diese Durchsage hört, bitte umgehend beim Stadionsprecher melden….(für einen kurzen Moment nur dumpfes Gemurmel zu hören)…und mir wurde gerade noch mitgeteilt, dass sich Peter auch auf dem Parkplatz aufhalten könnte, er fährt einen blauen Mercedes mit dem Kennzeichen B-WU3578."

7. Verrückte Berufe

Neue Jobs braucht das Boxen

Der Boxsportverband hat beschlossen mehr Arbeitsplätze bei den Boxwettkämpfen zu schaffen, um den Komfort für die Kämpfer zu erhöhen. Nun gibt es:

- Frischwind Zufächler

- Schnürband Binder

- Schweiß Abtupfer

- T-Shirt in die Hose Stopfer

- Boxhandschuh feucht Abwischer

- Schlaf aus Augen Reiber

Darüber hinaus wird der flankierende Einsatz von Blindenhunden zur Unterstützung von Schiedsrichtern mit Tomaten auf den Augen diskutiert.

Holzarbeiten

Wussten sie schon dass Bretter vor dem Kopf nicht nur die Sicht auf den Boxringeinschränken, sondern auch Zaungäste provozieren können?

Weitere Traumjobs aus der Boxsportbranche...

→ Strickmuster-Designer für Boxringseile

→ Boxhandschuhflicker im Trainingscamp

→ Playback Stöhner bei Fehlschlägen

→ Punktezüchter in der Boxliga

→ Schnürband-Bodenturner im Boxring

→ Schlagpuffer bei hart ausgeführten Schlägen

→ Statist in der Damenumkleidekabine

→ Seiltänzer auf den Boxringseilen

→ Doppelpartner im Boxwettkampf

→ Schmuckhersteller für Boxringe

→ Schweißperlen-Ketten Designer

→ Gehegereiniger bei Puma

→ Streifenzähler bei Adidas

→ Schiedsrichter bei Boxing-Computerspiel

→ Boxhandschuhpolierer bei adidas

8. Vereinstätigkeiten

(und wie sie **nicht** vergeben werden sollten)

Hallenwart: Tunichgut mit Schnarchzapfen Diplom

Schiedsrichter: Hans-guck-in-die-Luft

Vereinssekretariat: Gewitterziegen mit Schreckschraubenappeal

Vereinstrainer: Luftgitarrist

Trainingsteam: In Schießbudenfiguren konvertierte HB-Männchen

Vorstand: Jammerlappen

Finanzen: Raffzähne und falsche Fünfziger

Koch Clubrestaurant: Spaghettisultan

Betreiber Club Shop: Marktschreier mit dubioser Im- und Export Expertise

Oberschiedsrichter: Perückenschaf mit Schlafkappenattitüde

Organisator Events: Fatalisten

Clubkommunikation: Quatschköpfe mit großem Tratschmaul

Mannschaftsführer: Als Klabautermänner verkleidet Psychopaten

Junioren: Königsberger Klopse mit Baumschulzeugnis

Juniorinnen: Als Zimperliesen geoutete Milchmädchen

Herrenmannschaft	Platzhirsche
Damenmannschaft	Wuchtbrummen
Seniorenmannschaft	Tattergreise mit Zauselgarantie
Seniorinnenmannschaft:	Schabracken mit Schrulleffekt

Sportschicksale

9. Boxen in 100 Jahren

→ Erklärungen/Interviews nach dem Boxkampf führt eine verschwitzte Avatarversion der Boxkämpfer.

→ Es gibt Duschen direkt im Boxring. So dass auch während des Wettkampfes die Boxer sich durch eine schnelle Dusche erfrischen können.

→ Statt Mineralwasser gibt es eine Drogenmixtur aus Fencheltee, Cola, aufgelösten Kaffeebrühwürfeln und alter Capri Sonne.

→ Während der Autogrammstunde fährt ein rollender Drucker zwischen den Fans umher und druckt und verteilt ununterbrochen Autogrammkarten solange bis alle vergeben sind. Mehrfachverteilungen an gleiche Personen werden dabei in Kauf genommen.

→ Die Boxer haben Anspruch auf ein Fußbad im Rahmen des Wettkampfes. In Zukunft steigt die Wichtigkeit des Gesundheitsaspektes enorm an und der Fuß bekommt nun nach jahrelangen Fußtritten und Herumgetrampel endlich die Anerkennung, die er schon lange verdient hat.

→ Durch mobile Rückenwindmaschinen gibt es einen ordentlichen Rückenwind für den, der gerade zuschlägt.

→ Ein ausdauernder Schattenspender spendet jedem Kämpfer die ganze Zeit Schutz vor dem grellen Scheinwerferlicht indem er ihn den ganzen Boxkampf hindurch mit einem hochgehaltenen Sonnenschirm hinterherläuft.

→ Boxer mit schlechten Angriffsschlägen haben nun die Möglichkeit für die entscheidende Runde im Rahmen eines *Outtaskings* einen Boxer mit guten rechten und linken Haken zu mieten.

➜ Zur Abkühlung nach dem Boxkampf ist nur das Bad in der Menge oder das Bad im Ruhm des Erfolges gestattet.

➜ Um weiter entfernte Gegner noch erreichen zu können, wird es die Intelligente maschinelle Armverlängerung geben, die sich automatisch über ein entsprechendes Implantat aktivieren lässt.

➜ Es wird intelligente Boxsportbrillen geben, welche just-in-time die aktuelle Kampfsituation analysieren und zielgenau Hinweise geben können wohin der nächste Schlag optimal zu platzieren ist und wie man sich danach bewegen muss.

➜ Es wird eine in den Seilpfosten eingebaute Bar geben, welche frische Drinks zusammen mixen kann, die direkt während des Kampfes konsumiert werden können.

➜ Es wird eine Stöhn Maschine geben, die immer dann stöhnt, wenn es der Boxkampfer während eines Fehlschlags mal vergessen hat.

➜ Boxsportkämpfe werden nur noch von Robotern bestritten, menschliche Kämpfer sind im Vergleich einfach nicht mehr gut genug und agieren nur noch als Schmiermittelholer und Ölkannenhalter.

10. Gesucht wird …

..ein neuer Vereinstrainer

Unser neuer Vereinstrainer muss den folgenden Anforderungen gerecht werden:

➤ Muss Tag und Nacht zur Verfügung stehen um **allen** Bedürfnissen der Clubmitglieder gerecht zu werden.

➤ Technikerausbildung gefordert zur kostenlosen Reparatur sämtlicher Geräte…von den Vereinsmitgliedern.

➤ Der Vereinstrainer ist auch der Schlüsselträger vom Isolationsraum im Clubhaus, um trainingsunwillige Boxkämpfer bei Widerspruch als Strafe für gewisse Zeit wegzusperren zu können.

➤ Muss trinkfest sein, um kurz vor entscheidenden Boxwettkämpfen die Kämpfer der Gegenmannschaft, gelockt durch Gratisdrinks unter den Tisch trinken zu können.

➤ Führen einer Hunde- und Katzenpension in der Urlaubszeit für die Tiere der Clubmitglieder.

➤ Betreiben einer Website zur Partnervermittlung um die Mannschaft durch Abwechslung motiviert zu halten, natürlich erst nach persönlichen Qualitätscheck der Probanden/innen.

➤ Bei Reisen mit der Mannschaft muss der Trainer vor Ort im Hotel Küchenarbeit leisten um die Reisekosten für den Verein möglichst gering zu halten.

➤ Arrangement ‚zufälliger' Unfälle für die Top Kämpfer des nächsten gegnerischen Teams.

> Lernen mit Elektroschocks; Fachkenntnisse als Elektriker notwendig zum fachgerechten Einbau und Wartung entsprechender Vorrichtungen in den Boxhandschuhen der Boxer inklusive zentraler Fernbedienung.

> Pflichtbesuch des Seminars ,Moderne Motivations(rat)schläge ohne Narbenbildung' als Selbstzahler.

> Bereitschaft zeigen, sich notfalls wochenlang nicht zu waschen um die Leistung der Gegner in den Verbandsspielen durch gezieltes Stinken negativ zu beeinflussen (z.B. Zuschauen auf der Gegnerseite, Nähe zum Kämpfer suchen durch Stellen von dummen Fragen).

> Muss sowohl wüste Beschimpfungen als auch körperliche Züchtigungen der Vereins- und Mannschaftsmitglieder bei verlorenen Punkten/Kämpfen ohne Gegenwehr hinnehmen bzw. über sich ergehen lassen. Dient damit auch positiv der Agressionsbewältigung der Boxer.

> Beherrschung perfekter Techniken um den Boxern übertrieben lautes Stöhnen, Brüllen, Fluchen bei verlorener Kampfführung beizubringen und damit zur Störung der Konzentration der Gegner im Wettkampf beizutragen.

..ein neuer Mannschaftskämpfer

> Muss sexy oder absolut hässlich sein, um durch Auswahl entsprechender Kleidung, oder auch gezieltes Weglassen derselben die Kämpfer/innen der Gegenmannschaft aus dem Konzept zu bringen.

> Muss sich genau über die Kämpfer der gegnerischen Mannschaft informieren, um durch gezielte Gemeinheiten und treffende Beleidigungen die Gegner zu verunsichern.

> Muss eine Woche Kellnerdienst im Clubcafe ohne Bezahlung pro verlorenen Wettkampf ableisten.

> Hat schauspielerisches Können nachzuweisen. Für einen taktischen Wettkampfabbruch sind Erfahrungen in Simulation von Herzattacken und psychopathischen Ausrastern mit massiven Bedrohungsgesten Richtung Gegner erforderlich.

> Soll über Fähigkeiten als Entertainer bzw. auch Pausenclown verfügen zwecks Hebung der Stimmung und Moral der Mannschaft während der Wettkämpfe.

Verliebt

61

11.   Verrücktes Miniquiz

➜   Wie wird nach Ende eines Boxkampfs weitergekämpf?

   O groß   O klein
   O im nächsten Absatz   O mit einem Punkt

➜   Das Boxkampf ist zu Ende. Ihr Kämpfer gewinnt die **Seitenwahl**. Wofür entscheiden sie sich?

   O Sonne im Rücken   O Seitenhieb
   O Titelseite   O Wechsel zum Verein des Gegners

➜   Wie viel wiegt ein **Führungsschlag**?

   O 3 kg   O sehr schwer im Rückstand
   O im Dunkeln gar nichts   O 10% mehr als elektrisch erzeugt

➜   Sie benötigen eine **Hammerschlagkraft**. Wo könnten sie sie finden?

   O In der Werkzeugkiste   O Beim Hammer Weitwurf
   O nach dem Bohnenessen   O In der Schmiede

➜   Was versteht man unter **Tiefschlag**?

   O Aktion im Klohäuschen   O SM Spielzug als Fetisch
   O hipper Begrüßungsabklatscher O Jab im Boxkampf mit Zwergen

➜   Was versteht man unter einem **Cross**?

   O Quercheck auf Tussi   O 3m Crosslauf zum Kühlschrank
   O Crossgespanntes Seil im Boxring
   O Neue Olympische Disziplin für Hühnchen

Schlagende Verbindung

Annoncen aus der Vereinszeitung

- Vermiete großräumigen Hosenstall für ausgiebiges Ausdauertraining

- Einsamer Wanderpokal sucht zementierten Sockel zum Anlehnen

12. Zehn Anzeichen, dass sie verrückt nach Boxen sind

1. Die Ausrichtung ihrer Wohnung geschieht nicht nach Feng Shui sondern nach der Struktur eines Boxringes

2. Der Handschlag erfolgt nur noch mit Boxhandschuh

3. Der Zaun von ihrem Garten entspricht genau der Beseilung eines Boxringes

4. Sie genießen das Gefühl, die Rundungen eines neuen Boxhandschuhes in der Hand zu halten mehr als die Berührungen ihrer Frau.

5. Sie kennen alle Kampfergebnisse ihres Boxsportvereins vom Wochenende auswendig, haben aber keine Ahnung, was gerade in der Welt vorgeht.

6. Sie finden es witzig mal etwas anderes anzuziehen als ihre Boxershorts

7. Sie finden das voll fair, dass ihr/e Partner/in fremdgeht, wenn sie dadurch mehr Freiraum fürs Boxen bekommen.

8. Sie hören bei einem romantischen candle light dinner nur dann ihrem Gegenüber zu, wenn dieser bestimme Schlüsselworte fallen lässt, wie z.B. Jab, Aufwärtshaken oder Boxring.

9. In ihrem Navi ist ihr Boxsportverein als Heimatadresse hinterlegt

10. Sie kaufen nur noch Stifte in einer Größe, welche sie auch mit ihrem Boxhandschuh nutzen können.

13. Das wirklich Allerletzte

Kultur & Boxen

Zwei Freunde machen einen Kombinationsurlaub ‚Kultur & Boxen' am Mittelmeer. Am Marktplatz im Urlaubsort erhalten sie vom Reiseleiter Instruktionen:

„Sie gehen jetzt diese Straße dort drüben lang, da werden sie auf dem Weg zur Hotelanlage auf einheimische Straßenhändler treffen, die landestypische Waren im Angebot haben und mit denen sie auch feilschen können. Weiter hinten begegnen Ihnen noch einige Straßenmusiker. Am Ende des Weges liegt die Hotelanlage mit den Boxringplätzen auf denen sie heute zwei Stunden kostenlos zusammen mit einem ehemaligen Boxweltmeister trainieren dürfen."

Die beiden Freunde machen sich gleich auf den Weg und starten ihre Tour die besagte Straße entlang. Bereits nach ein paar Metern gabelt sich diese und da beide abgelenkt sind und sich bewundernd eher die hübschen Häuser mit ihrer üppigen Blumenpracht der Balkone anschauen, laufen sie statt den Weg zur Hotelanlage zu nehmen, den Weg zum Hafen herunter. Nach ein paar Minuten begegnet Ihnen ein Einheimischer der den beiden Uhrimitate und ‚etwas zu rauchen' verkaufen möchte, was beide sofort ablehnen. Daraufhin werden sie wüst beschimpft und bevor der Verkäufer verschwindet, spuckt er auch noch verachtend vor ihnen aus. Etwas geschockt und verwirrt gehen die Freunde weiter die Straße entlang, als sie plötzlich von mehreren Männern mit der Forderung nach Geld in eine dunkle Seitengasse gedrängt werden. Beiden wird ein Messer an die Kehle gehalten und zwar so stark und lebensbedrohlich, dass bereits etwas Blut den Hals der Touristen herunterläuft. Da meint der eine Freund:

„Ich glaube der Reiseleiter hat uns reingelegt, und wenn wir am Hotel sind, müssen wir bestimmt auch noch für das Boxtraining heute bezahlen."

Apfel

Hey Kumpel, du bist ja so still. Leidest du an Frühjahrsmüdigkeit? Oder fehlt dir nur der richtige Biss? Probiere es mal mit frischem Obst.

Luxusliner

„Also Paul ich muss schon sagen, es ist richtig cool auf dem Luxusliner zu boxen. Diese leichte frische Brise, der tolle Ausblick und erst der strahlend blaue Himmel, aber eine Sache ist schon lästig, alle paar Minuten diese riesigen fliegenden Fische aus dem Boxringseilen zu befreien die sich hier im Vorbeiflug immer wieder verfangen."

Absprung

Blind Date

Zwei Zuschauer eines Boxwettkampfs unterhalten sich, sagt der eine: „Ich glaube der linke Kämpfer verwechselt den Kampf mit einem blind date." Fragt der andere: „Wieso?" Darauf wieder der andere; „Na weil der wie mit Tomaten auf den Augen kämpft."

König Boxen

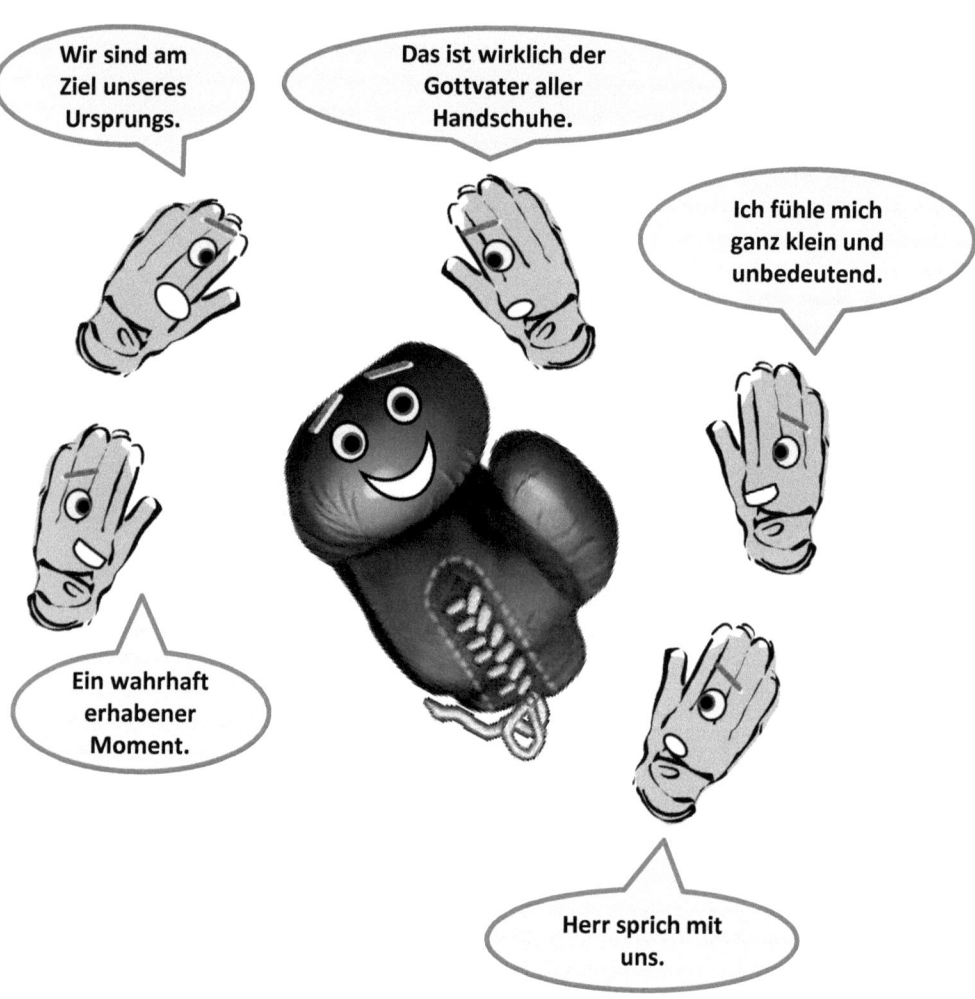

Filzmantel

Und wo genau bekommt man diesen schönen Filzmantel her?

Chairman
„Hast du schon gehört, mein Schwager ist jetzt schon seit drei Wochen Chairman von diesem neuen internationalen Boxturnier." Darauf der andere: „Toll dann hat er sich ja als Verkäufer aus der Tisch- und Stühleabteilung fachlich weiterentwickelt. Es soll ja auch ganz viele Stühle in bei diesem Boxturnier geben, das dauert natürlich bis die alle durchgeputzt sind."

Aktuelle Umfrage

‚Benötigen Boxsportvereine mehr IT Fachexperten?'

Nein: 0%

Ja: 0

1.   If Ja <101 then Ja = Ja +1

2.   If Ja <101 then Print ‚Ja:'Ja'%'; Goto 1.

3.   end

Ja: 1%

Ja: 2%

Ja: 3%

Ja: 4%

.....

Wie uns die Umfrageergebnisse eindeutig zeigen, erfreuen sich die IT Fachleute im Boxsportbereich einer wachsenden Beliebtheit.

Umwelt

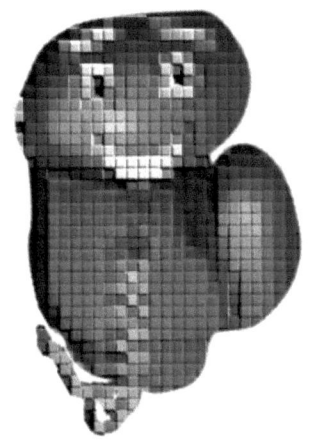

Bitte daran denken:
Nicht mehr gebrauchte ebooks bitte fachgerecht entsorgen!

Bücher von Theo von Taane:

„Mein Schlag war nicht zu weit,
macht doch das Feld länger !"
ISBN: **9783735794604**

„80% meiner Freizeit verbringe
ich hilflos in Drehtüren!"
ISBN: **9783735758125**

ebook Spiele von Theo von Taane:

„Schnappt Ede!"
Für 2 - 4 Spieler; Alter: 6 – 99 Jahre
ISBN: **9783734721748**

„Die spannende Geschenkejagd!"
Für 2 – 4 Spieler; Alter: 6 – 99 Jahre
ISBN: **9783734721755**

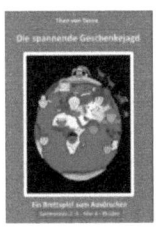

„Das Kuck-Kuck Spiel !"
Alter : 0 – 3 Jahre
ISBN: **9783734723827**

„80% meiner Freizeit verbringe
ich hilflos in Drehtüren!"
ISBN: **9783735758125**

Inhaltsverzeichnis

<u>Untertagewerk</u> – Das Leben ist hart, bisher hat es noch keiner überlebt!

Auf dem Friedhof

Friedhofsverwaltung

Trauerweide

Grabpflege
Gruftis
Grabschänder

Eingangsbereich
Abnippler
Zombies
Scheintote

Krematorium-Brennanlage
Höllenhund

Rekrutierung
Totschwätzer
Seelenfänger
Dr. Frankenstein

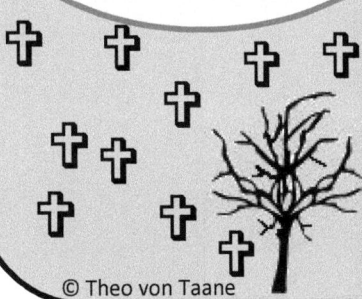

„Nein, ich kann Ihnen nicht den Weg zum Schnitzel-friedhof beschreiben, und ich glaube auch nicht, dass Sie dort das Grab von Schweinchen Dick finden werden."

© Theo von Taane

Abgesang
Friedhofsjodler

☎ **Kundenservice**
Quälgeister
Griesgrame
Giftzwerge
Schreckgespenster

Restaurant
Igor der Bückling
Giftmischer
Satansbraten
Ausgeburten der Hölle
Leichenschänder

Kasse
Geisterbahnschaffner
Geizknochen

Lieferservice
Geisterfahrer
Plagegeister

Altenheim
Friedhofsdeserteure
Grottenolme
Gewitterhexen
Vampire

Im Solarium

© Theo von Taane

<u>Abhubfantasien</u> – Bergab geht's schneller als zu Fuß!

Auf dem Flughafen

Emergency Check-in
Für Personen, die schnell „einen fliegen lassen" müssen.

Tower 1   Tower 2
Brigde

Schwarzseher
Fatalisten
Blindschleichen

Mafiosi Security-check
Terroristen
Betrunkene Piloten
‚Blinde' Passagiere

Gangway: Gang nach Canossa

Check-in ‚Zu spät Kommer'
Bombendroher

Ersatzteillager
Furzdüsen
Hermes Ersatzflügel
Lego Bausatz ‚Flieger'

Fluglotsen Lounge
Clowns
Hans-Guck-in-die-Luft

Piloten Lounge
Staubsaugerpiloten
Pistensäue
Bruchpiloten

Antrieb
Speicher für Fliegen & dicke Brummer

Landebahn für geistige Tiefflieger

Rieselfeld des Hummelbauern

Zwinger für Himmelhunde

Hangar

Area 51

Aufschlagfeld für havarierende Flugzeuge

Flight 745: „Mayday, mayday. Tower wir haben einen schweren technischen Defekt!"
Tower: „Flight 745, bitte bereiten Sie sich auf ihren Aufschlag vor."

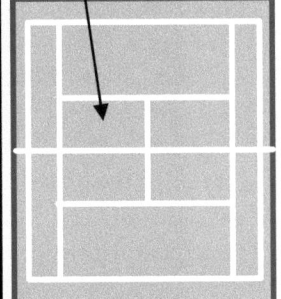

© Theo von Taane

Notfall

Der Pilot aufgeregt an den Tower:

„Mayday, mayday. Der Motor ist ausgefallen und wir befinden uns im direkten Sinkflug! Wir werden alle sterben!!!" Darauf der Tower:

„Nur die Ruhe, Sie sehen das zu negativ." Pilot verwundert:

„Was, wieso?" Darauf wieder der Tower:

„Na, Sie wissen doch, Totgesagte leben länger."

Luftkurierdienst

„Unsere Luftkuriere sind die Flexibelsten in der ganzen Luftfahrtindustrie und schon von einem ganz besonderen Schlag". Darauf der Andere:

„Wie von welchem denn?" Darauf wieder der Andere:

„Vom Taubenschlag."

Pilot

Kurz vor dem Abflug. Die Passagiere sitzen bereits und warten noch auf das Erscheinen des Piloten. In diesem Moment taucht dieser augenscheinlich blind, mit Hund und Blindenstock am Flugzeugeinstieg auf und entschwindet sogleich unter den erstaunten Blicken der Passagiere in das Cockpit. Ehe jemand etwas sagen kann, ist die Maschine bereits am Starten und hebt unter hysterischem

Geschrei der Passagiere sauber ab. Nachdem die Maschine am Zielort ebenso wieder problemlos gelandet ist, geht einer der Passagiere zu dem Piloten, als dieser gerade die Maschine verlassen will und spricht ihn an:

„Wie haben Sie denn das schaffen können, völlig blind, die Maschine so sicher zu starten, zu fliegen und auch wieder zu landen?"

„Ach das ist nichts Besonderes, das war Teil meiner Ausbildung."

Antwortet der Hund.

Ausrüstung

Das Flugzeug ist am Abstürzen direkt über dem Meer, da sagt der eine Pilot:

„Um Gottes Willen, wir werden ins Meer stürzen!!!". Darauf der andere:

„Das ist dumm, genau jetzt habe ich natürlich meine neue Taucherbrille nicht dabei."

Landung

Freitag abend auf dem Rückflug FFM nach BLN. Das Flugzeug kreist schon seit einer halben Stunde über dem Flughafen und wartet ungeduldig auf eine Landegenehmigung vom Tower. Der Co-Pilot hält es nicht mehr aus und funkt wieder den Tower an:

„Flight 4711 an Tower: Wann bekommen wir endlich grün für eine Landebahn. Flight 4711 Ende." Darauf meldet sich der Tower:

„Tower an Flight 4711: Die Erlaubnis kann nur unser Supervisor erteilen. Tower Ende." Darauf wieder der Pilot:

„Flight 4711 an Tower: Wann wird uns der Supervisor die Landeerlaubnis erteilen? Flight 4711 Ende." Darauf der Tower:

„Tower an Flight 4711: Nicht vor Montag, solange ist er noch in Urlaub. Tower Ende."

Im Cockpit

„80% meiner Freizeit verbringe
ich hilflos in Drehtüren!"
ISBN: **9783735758125**